ALICIA TRUJILLO

Ante el umbral

PRÓLOGO: ÁLVARO MEDINA DE TORO

EDITORIAL CUADERNOS DEL LABERINTO
—ANAQUEL DE POESÍA, nº 147—
MADRID • MMXXIV

Primera edición: noviembre 2024

I.S.B.N: 978-84-18997-88-4
Depósito legal: M-24536-2024

Impreso en España.

PRÓLOGO

Entre el ser y la nada: «a merced del Arte»

Por ÁLVARO MEDINA DE TORO

Prologar el libro de una persona que no conoces concede la oportunidad de hacer una valoración sincera: ni amigo ni crítico literario, no respondes ante nadie, salvo ante ti mismo. Así pues, este será un prólogo muy libre, sin otro requisito que el de trasladar mis impresiones de la forma que más se ajuste al efecto en mí de lo leído. Que esas impresiones mías sean o no compartidas dependerá de cada uno de ustedes, queridos y bravos lectores de poesía del siglo XXI; pero no es eso lo que importa, sino que —las compartan o no— les ayuden a adentrarse en el poemario *Ante el umbral*, de Alicia Trujillo, o, en su caso, impidan que se lo pierdan.

«La prosa (la buena, claro) es un paisaje ilimitado, mientras que la poesía (la buena, se entiende) es —puede llegar a ser— una iluminación, una senda de hallazgos» (disculpen que me cite, pero venía a la medida para iniciar este prólogo). Y, por favor, no me vengan con lo de ¿qué es literatura buena? O con esa vulgaridad de «sobre gustos no hay nada escrito». Muchos sabemos lo que es buena literatura, y los que todavía no lo saben es porque no leen lo suficiente.

La buena literatura, incluso si nos disgusta, sigue siendo buena; mientras que la mala, aunque nos anestesie, es mala sin remedio. Esto, aunque casi olvidado, sigue siendo así.

La primera prueba que hago cuando leo algo —tanto si es de terceros como si es propio— es una lectura en alta voz: el oído es el mejor centinela para avisarnos de quién se acerca a nuestra torre. Especialmente en poesía, si al oído el texto *funciona*, es buena señal; y lo contrario, mala. *Ante el umbral*, suena bien, llega y se hace presente, con esa ingrávida naturalidad de la música.

Aunque no lo hubiera sabido, habría adivinado que *Ante el umbral* es el poemario de una persona joven e inteligente. Conocí a Alicia en la presentación de un libro mío, y apenas cambiamos unas palabras al momento de la firma. Y aunque no la he vuelto a ver ni la he tratado, la lectura de su poemario me ha dejado la rara certeza de que «la conozco» un poco. Comprender a una persona es, diría yo, una de las mejores formas de llegar a conocerla, al menos lo es en el espacio que concedemos al intelecto. Veamos:

La primera nota a destacar de *Ante el umbral* es que estamos ante una poesía sustancial, una poesía de pensamiento, más que de sentimiento; pues aunque ambas capacidades, entendimiento y sensibilidad, están en todos nosotros inextricablemente fusionadas, raramente son equivalentes. Estas asimetrías hacen posible (de momento y con permiso de la ciencia) que seamos diferentes. Un gran alivio, por cierto.

Alicia Trujillo es una poeta que piensa, que indaga, que se cuestiona asuntos esenciales, de calado, tales como: lenguaje y conocimiento, significante (fonema) y significado (sentido); alcance cognitivo de la palabra frente a una realidad que ella, Alicia, a ratos, percibe *indescifrable* (diría que tiene bastante razón); *utilidad* o capacidad de la literatura y el arte como forma de indagación existencial; el silencio (que ella siente devastador); «la nostalgia de un lenguaje perdido» (en sus propias palabras)... La irrealidad de lo real («y la realidad perversa, que no es real...»), la nada, lo efímero, la isla sin tierra de la memoria, lo oculto (¿y su posible catarsis liberadora?), el miedo a *dejarse ir al fondo*, esa tentación de abandono del territorio racional para ir... ¿adónde? En suma: la necesidad de entenderse y entender a los otros: «¿Qué soy, y qué eres (si es que eres)...?»

La segunda nota que, a mi juicio, destaca es el ansia —más en forma de deseo que de angustia (en ocasiones, muta en éxtasis)— que invade a la escritora cuando se enfrenta a sus anhelos de conocimiento con un recurso imprevisible como es el de las palabras; su grado de auto-exigencia en ese «juego estéril / uniendo palabras / con la pretensión de qué...», se pregunta. De hecho, me parece a mí, las palabras —y por extensión la actividad creativa— son un nudo gordiano en la poesía de Alicia Trujillo. Así lo indica el dato de que «la palabra» o «las palabras» aparezcan designadas en muchos de sus poemas; las palabras son analizadas, inquiridas, interpeladas..., igual que una barra de hierro o una pieza de cristal son entregadas al fuego purificador para darles forma.

No obstante, resulta reveladora la inmensa esperanza que la poeta, a pesar de sus dudas, deposita en las palabras: signo inequívoco de juventud. Y conmueve (a mí me ha conmovido) asistir a la importancia que Alicia da a la literatura, a la creación, al Arte (con mayúscula, como ella lo escribe): signo inequívoco de madurez interior.

La tercera nota —que, como anglófilo incorregible, no puedo dejar pasar— es la ausencia de humorismo en este poemario (que no es un error en sí, sino una opción entre las posibles), la carencia en Alicia de toda ironía al aproximarse al escenario de sus reflexiones y desvelos. Y esto sí que es juventud en estado puro.

Recuerdo bien la exaltación en la tristeza, el fascinante desamparo, la embriagadora melancolía (y un largo etcétera de contrarios) que hizo de mi yo joven un lector y escritor sin remedio; soy consciente de que sin todo aquello no sería yo esto que ahora soy. Uno quisiera no haber perdido nunca aquel sombrío cofre (ni la juventud tampoco, claro), pero, con lo años, descubres maravillas, como esa frase de Julian Barnes en su libro *La mesa limón*: «¡Ánimo! La muerte está a la vuelta de la esquina». Y te alcanza el gozo de reírte, en su medida, de ti mismo, el consuelo de saberte irreemplazable e insignificante, al tiempo y en igual medida (disculpas por la divagación).

La cuarta y última nota que destacaría es la conexión (congruente) entre los estudios, la formación profesional de Alicia y su escritura. Tanto en su poesía como en los cuentos que de ella he leído, hay un sustrato de hondo interés por la psicología, la espiritualidad, la neurología y la filosofía (particularmente el nihilismo y el existencialismo). Su admiración por una poeta trágica y cautivadora como es Alejandra Pizarnik, con la que abre su poemario, así nos lo confirma.

Como ven, el «paisaje mental» del poemario que comentamos es oblicuo y destacable. Oblicuo porque se aparta de las certidumbres y las certezas; destacable porque asume lo complejo con coraje. Pero la capacidad expresiva de la autora, su deseo de comunicar lo que lleva dentro, hace que tales asuntos puedan ser captados sin otro requisito que una atenta lectura. Y, aun cuando nos sorprendiera cualquier elemento de la estructura, la puntuación o la ortotipográfica del poemario (todo es perfectible y discutible en este ámbito) lo imperante e importante aquí es, como dije al principio, el pensamiento, el trazo de la indagación. No es difícil lo que nos interesa ni arduo lo que nos motiva.

Lean, pues, sin prisa, *Ante el umbral*. Es una ópera prima que, en mi opinión, preludia desarrollos innovadores o, cuando menos, no muy transitados. Aunque todo se nos ofrezca en estos tiempos como un soplo fugaz (un objeto más de consumo), hay zonas de nuestra naturaleza que, afortunadamente, tienden a permanecer, flotando entre las arboledas, como el polen. Ninguna es tan clara en su persistencia como la insaciable curiosidad que, para bien y para mal, nos has traído hasta aquí.

Creo o intuyo creer que, cuando Alicia escribe «la mirada perdida» o «esa otra dimensión», se refiere (ignoro con qué grado de consciencia) a su propia voz poética, a su visión poética y literaria, la que, «a merced del Arte», persigue entre las palabras y el pensamiento.

Salamanca, octubre de 2024

Tú eliges el lugar de la herida
en donde hablamos nuestro silencio.
Tú haces de mi vida esta ceremonia demasiado pura.

ALEJANDRA PIZARNIK

Alicia Trujillo

Ante el umbral

DÓNDE ESTÁ LA PALABRA

Dónde empieza y dónde acaba (si es que acaba)
la opresión en el pecho que me provocas
cuando te inflas, agitas, bramas por ser nombrada.

Alicia, ¿dónde está la palabra que buscas?

¿Y si no pertenece a la familia del lenguaje?
¿Y si es huérfana del universo de las letras,
y al no encontrar su lugar,
se extravió en el pantano de los sueños?

Lo inefable es la insignia del poema,
pero tú buscas, Alicia,
insistes en revestir de significado
la imagen que la noche te confió.

¿Dónde?
¿Dónde está la palabra que busco?

IRRISORIA NADA

No quiero asomar demasiado la mirada
a ese oscuro pantano.

Inhabitable. Espaciosa
desiertos de apabullante silencio
cuya falta de morfología
aniquila toda idea prematura.

Disforme cosa.
¿Realidad?
Luciérnagas, manto negro
y ecos nocturnos.

¿Se puede hacer algo?
Implorar si acaso
un alarido ahogado
nervios crispados, flujo alterado.
¿Qué hace eso en mí?

Dónde habita y cuándo muere
aquél trémulo que acecha
vestido de convulso vértigo.

Terminas hallando tu lugar
en la coma entre dos suspiros
en el siempre decadente tráfico de pensamientos

o en cualquier caverna subcutánea
donde palpitas en un lenguaje mudo.

¿Qué se supone debo hacer yo contigo?
cuando apenas puedo comprender
una pequeña fracción de tu mutable jerga
¡Disonante quietud! Inasible concepto.

No. No quiero asomar demasiado la mirada
a ese oscuro pantano.

LOS FANTASMAS DE LAS PALABRAS

Devienen punzantes,
insumisas.
Se infiltran en la sangre
de un cuerpo que les da la bienvenida.

Palabras bañadas en sangre.

Ellas emprenden su curso
al tiempo que empapan los huesos
(y también los huecos de mis huesos)
de un lenguaje ajeno.

Vienen de lejos,
de un espacio habitado por fantasmas.
¿Quién crees que engendra a las palabras?

Concurren con la niebla
que te habla nostálgica
de esa mirada que no llega.

Se camuflan en los pensamientos.
Bailan en la imagen indefinida de un encuentro
y enmudecen ante el deseo.

Otras veces descansan en tus suspiros
exhaustas de hacerse escuchar entre sueños.

Finalmente,
cuando presienten su muerte
se cuelan por las rendijas del silencio:
El cuerpo las aborta
para hacerse sombra.

LA BATALLA PERDIDA

Si a algo temo es al tiempo —a su lenguaje mudo.
Silencio de silencios,
castillo vacío donde la palabra se despoja de sí misma
y en su desnudez tiembla frente al espejo de su mirada.

Mirada impasible que en solitario observa el desfile de
los años
(y las obras que tienen lugar entre medias).
Maravillosas algunas. Devastadoras todas.

Hablo del Silencio: el que te mantiene atado
a las imágenes que traza en tu memoria,
remota isla a la que te aferras,
a la que regresas,
desorientado
hasta que te das cuenta de su imposibilidad,
pues no hay tierra que la sostenga.

Mi cuerpo también le teme al tiempo —y a su lenguaje
mudo
desde adentro se defiende de sus marcas
pero siempre pierde la batalla.
Mi intelecto padece de su metafísica (vano intento es
dar con su significado)
si éste es inasible.

Y heme aquí, en un juego estéril
uniendo palabras
con la pretensión de qué:
de enredar, acorralar, confinar, arrinconar, anular
al sustantivo que conduce mi ansia,
y me ata a la nostalgia
con la pretensión de gozar un instante de poder
sobre el inhóspito,
que irremediablemente,
enmudecerá estas palabras,
las que están por venir.
Y las que no vendrán.

FALTA

La mirada del miedo reverbera bajo mi piel.

Ansia creciente que agita submundos
aleteos histéricos de un sueño que penetra el cuerpo,
el dolor se alza rebelde. Y grita. Y quema
quema hasta hacerse silencio
porque realidad y fantasía se abrazan. Y se asfixian.

En tu imagen se imprime el eco de la ausencia
esa que llena mi pecho hasta hacerlo arder
tu ausencia: retrato muerto de lo que no puede ser dicho,
la sombra de las palabras que asedian,
pequeñas perseguidoras cuyas manos imploran
una caricia que no llega.

LEJANÍA

Tu recuerdo es una melodía que abre abismos.

Un vacío intangible tiembla desde sus adentros
como la violencia del silencio,
o de un sueño.

Ahora, respirar pesa
y la emoción tambalea en alguna orilla de mi mirada
donde el vértigo no halla máscaras.

EN EL SILENCIO DE LA NOCHE

En el silencio de la noche
algo se ha perdido.

Pequeñas muertes tejen los restos
de una palabra fragmentada.
Todavía siento su fantasma en mi garganta
como el peso de un recuerdo
disperso entre las sombras.

Silencio de la noche:
eco de una melodía abortada.
Resuena bajo la tierra, pálido tesoro,
la mudez de un cuerpo desolado
de una mano abierta hacia la nada.

Porque en el silencio... solo hay un testigo.
Solo
la nostalgia
de un lenguaje perdido.

TODO, MENOS TUS OJOS

La decadencia de una flor marchita,
el peso de la memoria
y su anhelo de disolverse en el olvido.
El rumor que encierran tus silencios;
las palabras, que en su debilidad desvarían
y alucinan tus manos.
Todo me habla.
Todo menos tus ojos.

También el color indefinido de un cielo
que se mueve entre abismos,
como el espacio entre dos notas musicales
en donde mi respiración se vuelca.

Todo menos tus ojos.
Tus ojos prefieren no hablarme.
Su silencio, cómplice de la noche
solo teje sombras que me acarician mientras duermo.
Y no veo y no escucho y no siento
y no sé más que es eso.
¿Qué soy, y qué eres (si es que eres)?
Dime,
¿qué eres?

EL CORAZÓN DE LO EFÍMERO

Tu boca es muerte disfrazada,
la forma de tus labios, la muerte más cruel
por esbozar la eternidad que no existe en tu sonrisa.

Trato de reconciliarme con la muerte
porque t-o-d-o es muerte,
las palabras se evaporan en el aire que nos separa
mis gemidos se desmayan en un olvido ya pactado
el tacto de tus manos cambia
con la misma rapidez que la emoción se desvanece.
Los encuentros se pierden
en laberintos de miradas que no alcanzan.
Tu piel palidece,

las heridas cicatrizan
las cicatrices engañan
tu mirada contiene hoy lo que mañana niegas.
Y este corazón imbécil
que solo busca la forma etérea,
el sentimiento imaginado,
y la realidad perversa
que no es real
sólo perversa.

Ahora, la dulce voz de la muerte me susurra en la nuca,
mi garganta tiembla,
el corazón se enciende, y gira sobre mí un miedo histérico
que baila, se agita y llora
y no sabe contenerse
ante la efímera luz del tiempo
la vela que se apaga
el viento triste en calma.

NO DIGAS QUE VENDRÁ

No digas que vendrá.

No señales el lugar
donde duele la mirada
que reposa sobre nada.

¿Por qué solo hay fantasmas
que remedan, hirientes,
el anhelo de lo ausente?

LA AGONÍA DE LA PALABRA

Tu cuerpo como una sombra sobre el mío
mi alma sometida como una niña abrazada
a sus propias piernas
porque el espacio del miedo es muy pequeño.

Esa noche se ahogó la palabra.
El silencio —mano implacable —comenzó a estrangularla
hasta casi dejarla muerta.

Todavía oigo el eco de lo que fue
—de lo que intentó ser—.
Me susurra
a veces con fuerza
para que la salve del abismo,
del pantano de lo nunca dicho.

EL LADO OSCURO DEL OLVIDO

Se desquebraja la coraza.
La fisura abre paso al paisaje indecible,
una sima de oscuridad resplandece:
es el éxtasis de lo oculto.

En momentos de euforia
pienso en bajar hasta el fondo
y simplemente yacer ahí
embriagada de miedo.

En ese lugar algo me observa me observa
y me tienta.
¡Cuán magnético se vuelve su rostro!
—Te presto mis ojos —me dijo su voz.
Y yo tomé sus ojos.
Los tome dos veces.
Y tres veces.

Demasiadas veces.

El paisaje cambió de forma.
El dolor ya no quemaba.
Quizá se convirtió en otra cosa
su mirada lo convirtió en otra cosa.

Sin embargo, una noche púrpura
me vi a solas frente al espejo.
Sus ojos (¿o eran también los míos?)
me devolvieron una imagen
que paralizó mis pensamientos.

Un estremecimiento trepó por mi columna
mientras el espejo, impertérrito, sostenía
el horror de un mirada extraviada.

FRAGMENTOS DE VIDA

A mi abuelo

Quizá el llanto fue muchas cosas
cuando el temblor en su pecho le anunció la muerte.

Sábanas blancas. Quejidos ahogados.
Sus manos: abiertas, extendidas hacia arriba
como muertas.

¿Qué decía el llanto entonces?

Los recuerdos ya no le pertenecían,
se escaparon todos por la abertura de la ventana
entreabierta
para fundirse con la llegada de la noche
que desplegaba la nada.

Qué pudo decir el llanto al ver desintegrarse la vida
desmembrarse de la totalidad
como un cuadro cuyos fragmentos se desprenden de la
imagen.
El color se pierde, la forma desaparece
y aquello que te hablaba, que movía en ti corrientes
que acariciaba, arañaba, golpeaba

deja de ser *eso*
¿para convertirse en *qué*?

La vida te mira por primera vez con extrañeza.
¿Qué eres tú para ella?
¿Acaso eres sin ella?

Quizá el llanto fue furia.
Rebeldía.
La última defensa contra lo que ya estaba escrito
mientras sus manos, sumisas, decían otra cosa
sus manos parecían listas para ser llevadas al otro lado,
para ser acariciadas por la oscuridad que todo lo encierra
más nada libera.

Quizá el llanto no fue más que el grito del cuerpo
cansado de sostener tanta contradicción
—que es vida y muerte—
en una batalla perdida.

Y tal vez, no sea nada de lo anterior
y el significado de cada una de las lágrimas
se quedó tatuado en algún recoveco de su interior
marchito.

Quizá me faltarán años
y palabras
(sobre todo palabras)
para volver atrás
y alcanzar su llanto.

ENTREGA

Tengo miedo del sueño
como se teme un gran túnel,
repleto de vago terror,
camino hacia quién sabe dónde.

BAUDELAIRE

Me miro en el espejo de tu amor
y sólo se caer.

Una fuerza seductora me acaricia desde adentro
su tacto excita mi pensamiento:
imágenes embriagas seducen mi consciencia.

Una vez más, me dejaré arrastrar
hacia ese confuso despeñadero
donde habitan los de mi especie
que ciegos de deseo se entregan
y respiran la lujuria que intoxica la sangre,
los demonios —siempre silenciosos— salen de su letargo
y transpiran en tus jadeos
los oiré combatientes
extasiados, maniacos,
al fin celebrarán la victoria
anunciando mi renuncia: A ti yo pertenezco.

UMBRAL

El artista debe atravesar el umbral.

Ya sabes de cuál hablo.

Hablo del que abre la puerta que no figura en el mapa del pensamiento.

En ese espacio el concepto del tiempo yace desfigurado. Tu cuerpo se vive libre de cadenas, no pesan los rencores ni envenenan los deseos. Toda sensación recobra vida en una ceremonia conjunta en donde el pasado y futuro son sacrificados, y el verbo *ser* queda coronado como única posibilidad: la Totalidad *es*. Refulge bajo tus párpados cerrados. El silencio se convierte en estruendo. Y te vas alejando, la otra realidad es ya algo distante. En este territorio tu voluntad queda anulada.

Estás a merced del Arte.

SIN TÍTULO

Y de nuevo te alejas. Y de nuevo se abre el abismo —la distancia de nuestros cuerpos es algo que nunca me enseñaste a tolerar.

INSONDABLE

Insondable es este sentimiento en torno al cual gira mi arte.

Luego están tus ojos (¿o el espejismo de tus ojos?)
dos esferas lejanas,
que reflejan senderos lúgubres y tentadores.

Incitan a acercarse al otro lado.
A buscar refugio bajo el manto que te envuelve,
y respirar el vértigo de diluirme contigo.

Mi estómago tiembla al percibir el miedo del pensamiento.
Un paso atrás —dice una voz. Y yo, me paralizo.

Hay grandes ideas custodiadas por fieras, casi inaccesibles
que mantienen al artista al acecho, hambriento,
explorando distintos ángulos
para poder al fin poseerlas.

¿Qué parte de mí he de ceder a cambio
de tu incondicional mirada?

Me refiero a la *idea* de tu mirada
como puente entre lo que representas y lo que soy.

Eres pues, la plataforma escurridiza a la que aspiro.
Sin embargo, las veces que consigo alcanzarte

resbalo, titubeo
castillos internos se desmoronan.

Renuncio a la tranquilidad que no me aportas.
El oxígeno que sube denso, angustioso
envenena mi garganta.

Es ahora cuando empiezo a entender
que hay anhelos que asfixian,
imágenes dulces envueltas en fuego
que corroen los nervios.

La cabeza da vueltas
¿Acaso lo que persigo no es más que un símbolo?
No ha de existir en lo concreto
porque no lo encuentro...

No hallo como romper
este hechizo maligno
que una noche me secuestró
inconsciente,
entre sueños.
Lo abstracto ya no me alimenta.
Necesito que el símbolo se haga carne.
¿Qué es esta obsesión que me atraviesa?

Eso que busco y que no sé si tiene nombre
empapa estas letras,
y aun así faltan letras,
 siempre,

la Gran Falta
no se salvan ni las palabras.

¿Qué es esto que me atraviesa?

Cada vez abarca más espacio
cual luz invasiva en un cielo sin nubes
y sin límites.

Consume mi deseo.
La alegría y la vida arden
no hay rastro, ¿o sí? No lo veo.

Delirio.
Deliro, no coordino.
Me siento ajena a lo que era
a lo que nunca sabré ser.

La métrica tambalea.
El día se ha vuelto bestia.

Bailamos alrededor de un precipicio magnético,
invisible,
y no por eso menos verdadero: el preludio del abismo.

SU MIRADA ES UN ABISMO

Yo siempre la perseguía en sueños, en ese momento cuando la penumbra oscurece el raciocinio y sombras como serpientes seductoras bordean mi corazón para guiarme a las entrañas del deseo.

Sus ojos me miraban por un instante, ¿o por una eternidad? ¿Cómo distinguir tal concepto en medio de un abismo donde el tiempo yace inconsciente? Lo que sí puedo asegurar, lo único que continúa siendo real, es el efecto que producía su mirada al enfrentar la mía. No logro nombrar qué o cómo, pero lo que desprendían sus ojos era una fuerza que transgredía cualquier barrera física; me atravesaba por completo para instalarse bien adentro y hacerse espacio en cada poro de mi piel, permeaba mi sangre, impregnaba mis nervios, ¡mis huesos todos! Un calor creciente me acariciaba y ascendía hasta llegar a mis pensamientos, éstos se dejaban envolver, tal era su magnetismo que quedaban hipnotizados, sin voluntad; entraban por esa puerta, a esa otra dimensión que sostenía su mirada y yo experimentaba una intensidad nunca vivida, ¡detrás de esa puerta asomaba un mundo bárbaro, un sinfín de sensaciones!, el pensamiento excitado, ¡extasiado!; los acordes musicales disociados unos de los otros al fin se encontraban, la sutileza de su danza desembocaba en una explosión de melodía salvaje, ¡irrepetible! Luego estaba la suavidad de los colores, que bajo la luz de sus ojos se transformaban en figuras con vida propia, las líneas se entremezclaban unas con otras en un frenético arrebato, en un impetuoso grito del alma... También estaban las palabras ¡oh, las palabras!, tenían la capacidad de resucitar símbolos, mitos, cuyo propósito era construir un puente letra por letra hacia ese otro lado, hacia donde ella habita, porque desde que la conocí una sola necesidad me gobierna: la necesidad de poseer por completo esa imagen que bebe mis días y trastorna mis noches, su mirada es la simiente de un sentir que supera cualquier intento de lógica, incluso las palabras no bastan, y aun así me aferro a estas, como si fueran el último dios que queda sobre la tierra. Necesito creer. Necesito creer que eventualmente la alcanzaré, que sus ojos se mimetizarán con los míos, que su calor se fusionará con mi cuerpo para no dejarme tiritando en la solitaria isla que es el ser.

Pero cuando pienso que la he alcanzado, que al fin me ha recibido a su lado, de forma brusca aparta su mirada, con una frialdad arrebatadora me da la espalda y vuelve a sumergirse en aquel lugar oscuro de donde surgió.

Y ahora estoy aquí. En una realidad donde queda la nada y un silencio gélido, y la reminiscencia de esa mirada perdida que hace que me pregunte una y otra vez si es posible perder algo que existió sólo en sueños.

ÍNDICE GENERAL

ÍNDICE ALFABÉTICO DE PRIMEROS VERSOS

ACABOSE DE IMPRIMIR
ESTA PRIMERA EDICIÓN DE
ANTE EL UMBRAL,
DE ALICIA TRUJILLO,
EL DÍA 11 DE NOVIEMBRE DE 2024,
ANIVERSARIO DEL NACIMIENTO
DE FIÓDOR DOSTOYEVSKI

La libertad es el medio para la perfección

LAUS DEO